글 달시 패티슨

어린이 책 작가이자 글쓰기 교사입니다. 과학과 자연에 관심이 많아 어린이를 위한 과학 도서를 여러 권 집필했으며, 《다윈의 난초: 130년 만에 증명된 예측》을 비롯해 다섯 권의 도서가 전미 과학교사협회 우수과학 도서로 선정되었습니다. 현재 공상 과학 소설을 기획하고 집필하면서 글쓰기 교육과 강연을 활발히 하고 있습니다.

그림 피터 윌리스

일러스트레이션과 디자인 분야에서 20년이 넘게 활동한 일러스트레이터로 유머와 생기를 불어 넣는 기법의 그림을 좋아합니다. 달시 패티슨과 〈과학자처럼〉 시리즈와 《바다 괴물 대소동: 가짜 뉴스 이야기》 등을 함께 작업했습니다.

옮긴이 김경연

서울대학교에서 독문학을 전공하고 동대학원에서 '독일 아동 및 청소년 아동 문학 연구'라는 논문으로 문학박사학위를 받았습니다. 독일 프랑크푸르트대학에서 독일 판타지 아동 청소년 문학을 주제로 박사 후 연구를 했습니다. 옮긴 책으로 《폭풍이 지나가고》 《교실 뒤의 소년》 《미움을 파는 고슴도치》 《다르면서 같은 우리》 《행복한 청소부》 《책 먹는 여우》 등이 있습니다.

AI와 인간

AI와 인간

초판 1쇄 발행 2022년 6월 17일
초판 2쇄 발행 2023년 11월 2일

글 달시 패티슨   그림 피터 윌리스   옮김 김경연
펴낸이 김명희   편집 이은희   디자인 씨오디

펴낸곳 다봄   등록 2011년 6월 15일 제2021-000136호
주소 서울시 마포구 토정로 222 한국출판콘텐츠센터 305호   전화 02-446-0120   팩스 0303-0948-0120
전자우편 dabombook@hanmail.net   인스타그램 instagram.com/dabom_books

ISBN 979-11-92148-15-1 74400
      979-11-92148-10-6 (세트)

A.I.: How Patterns Helped Artificial Intelligence Defeat World Champion Lee Sedol
Text copyright © 2021 by Darcy Pattison
Illustrations copyright © 2021 by Mims House
All rights reserved.
Korean edition © 2022 Dabom Publishing
The Korean translation rights arranged through Rightol Media (Email:copyright@rightol.com) and
LENA Agency, Seoul, Korea.

이 책의 한국어판 저작권은 레나 에이전시를 통한 저작권자와 독점계약으로 다봄이 소유합니다.
신저작권법에 의하여 한국 내에서 보호를 받는 저작물이므로 무단전재 및 복제를 금합니다.

* 책값은 뒤표지에 있습니다.
* 잘못 만든 책은 구입한 곳에서 교환해 드립니다.

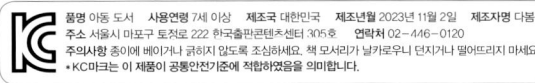

AI와 인간
알파고는 어떻게 이세돌을 이겼을까?

달시 패티슨 글 · 피터 윌리스 그림 · 김경연 옮김

다봄.

2016년 3월 9일, 대한민국 서울

결전의 무대가 준비되었어. '구글 딥마인드 챌린지 매치'가 곧 시작될 거야. 세계 최고의 바둑 실력자 이세돌과 AI(인공지능) 컴퓨터 프로그램 알파고가 총 5회에 걸쳐 대결을 펼칠 거야.

이세돌 VS 알파고

바둑은 어떤 게임일까?

바둑은 흰 돌과 검은 돌을 바둑판 위에 번갈아 두며 '집'을 짓는 걸 겨루는 게임이야. 상대보다 더 많은 '집'을 차지하는 쪽이 이기지. 그래서 바둑은 컴퓨터 프로그램을 테스트하는 데 이상적이야. 컴퓨터 프로그램이 득점을 더 많이 하는 것으로 프로그램이 더 좋아졌다는 것을 알 수 있으니까.

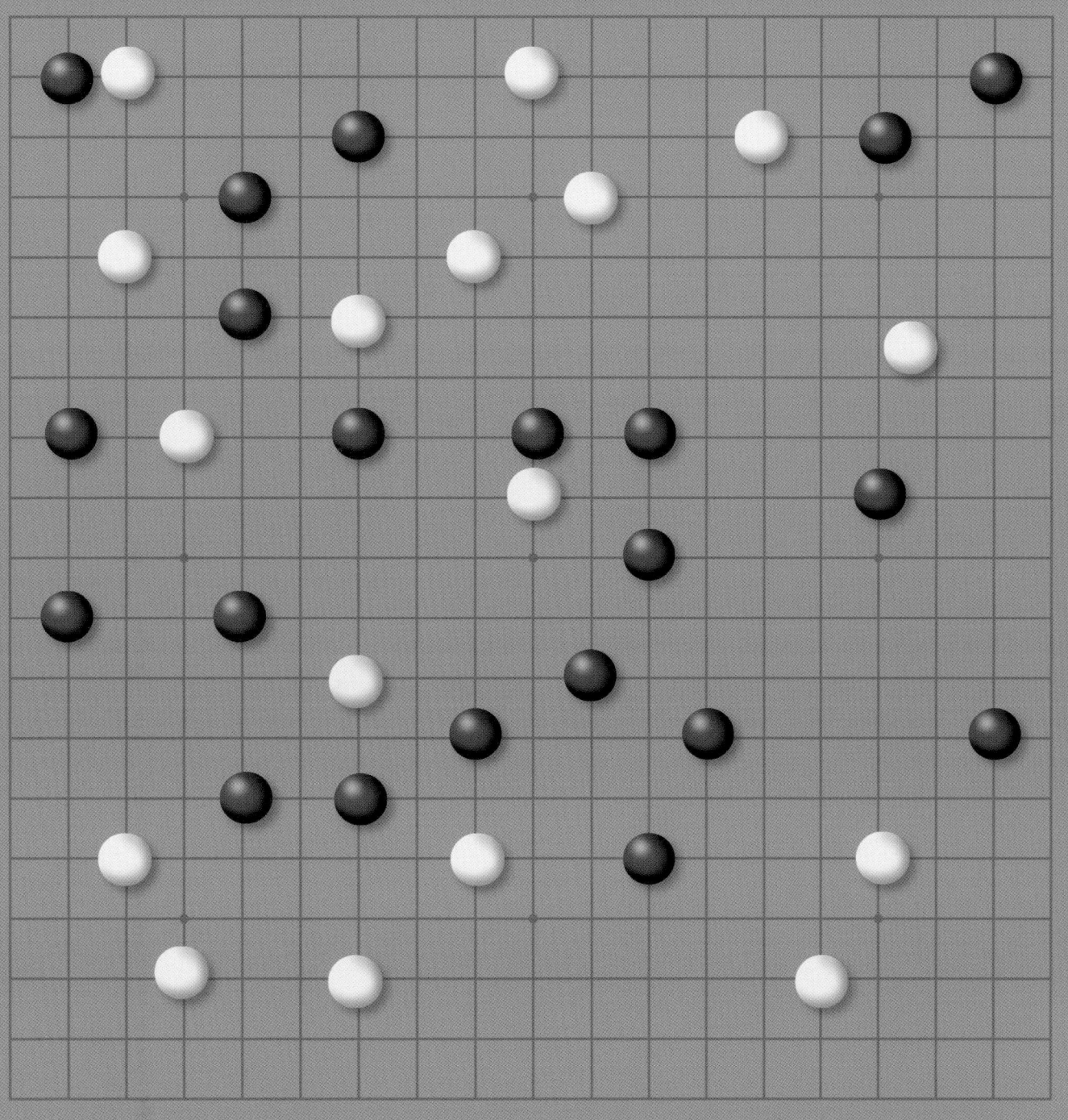

이세돌은 누구일까?

이세돌은 세계 바둑 대회에서 열여덟 번 우승했어.
언젠가 이세돌은 말했어.
"나는 뭔가 다르고 새로운, 나만의 스타일로 바둑을 두고 싶습니다."
바둑 기사들은 뜻하지 않은 완벽한 수를 '신의 한 수'라고 불러.
그런 수는 평생 단 한 번 있을까 말까 해.

이번 경기에서는 신의 한 수가 나올 수 있을까?

알파고는 누구일까?

알파고는 바둑을 두는 인공지능 컴퓨터 프로그램으로 2014년에 개발되었어.
컴퓨터 프로그램이 바둑을 잘 두도록 훈련시키는 방법은 두 가지가 있어.
첫 번째 방법은 따라야 할 규칙을 프로그램에 주는 거야. 예를 들어,
'원 위에 두 개의 삼각형이 있다. 그것은 고양이다.'라는 식의 규칙이야.
하지만 만약 고양이가 웅크리고 자고 있다면? 고양이가 쥐에게 몰래 다가가고 있다면?
그런 각각의 경우마다 조금 다른 규칙이 필요하겠지.
프로그램이 매번 고양이를 제대로 인식하게 하려면 이 규칙들은 매우 복잡해질 거야.

컴퓨터 프로그램을 훈련시키는 두 번째 방법은 '딥 러닝' 방식이야. 프로그램에 각각 '고양이' 또는 '고양이 아님'이라고 표시된 수천 장의 사진을 제공하면, 컴퓨터 스스로 사진들을 학습하고 분석해서 정보의 '패턴'을 찾는 거야.

그 결과, 컴퓨터는 고양이가 무엇인지에 대해 자신만의 생각을 갖게 돼. 딥 러닝 방식은 규칙을 사용하는 첫 번째 방법보다 더 빠르고 정확해. 인간이 모든 경우에 대해 규칙을 제공할 필요가 없거든.

고양이 또는 고양이 아님

고양이

고양이

고양이 아님

고양이 아님

고양이

고양이 아님

구글 딥마인드 팀에서는 딥 러닝 방식으로 알파고를 훈련시켰어. 최고의 선수들과 챔피언 프로들이 펼친 수많은 바둑 경기 데이터를 알파고에게 제공한 거야. 2015년 10월, 알파고는 유럽 바둑 챔피언 판 후이에게 승리했어. 하지만 딥마인드는 걱정이 되었지.

"이제 알파고는 세계 최강의 선수와 겨룰 준비가 됐을까?"

1차전

2016년 3월 9일 수요일

그날 아침은 겨울처럼 차디찬 바람이 불었어. 포시즌스 호텔 경기장 안, 기자들의 눈은 한 수 한 수를 따라갔어.

이세돌이 검은 돌을 잡고 먼저 두었어.

그러자 딥마인드의 아자 황이 컴퓨터 화면을 지켜보았어. 알파고가 수를 결정하자 아자 황이 흰 돌을 집어 알파고가 선택한 곳에 놓았지.

처음에는 이세돌이 공격하고 알파고는 방어했지만, 나중에는 알파고가 반격했어. 20분이 지나 전문가들은 알파고가 앞서 있는 것을 보고 놀랐어.

마침내 이세돌은 바둑통 위에 손을 얹었어. 지금까지 치른 바둑 경기 가운데 가장 어려운 경기였어. 이세돌은 고개를 흔들며 패배를 인정했어.

세 시간 반 동안 186수를 둔 끝에 알파고가 승리했어!

경기가 끝나고 기자회견에서 이세돌은 고개를 숙였어. 놀라운 패배였지.

2차전

2016년 3월 10일 목요일

알파고의 경기 방식은 특이했어. 전통적으로 바둑 기사들은 더 많은 집을 차지하려고 애를 쓰는데 알파고는 1점 차로 이기는 데만 신경을 썼어. 2차전에서 알파고는 빠르게 공격했어. 그 가운데 알파고의 37번 수는 특이해서 일부 전문가들은 실수한 거라고 생각했어. 하지만 그 수가 경기의 전환점이 되었지. 211수를 둔 끝에 알파고가 또 승리했어.

경기가 끝나고 이세돌은 말했어.

"37번 수는 정말 창의적이고 아름다웠습니다."

'창의적'이라는 말은 컴퓨터에는 잘 쓰지 않는 단어였어! 사람들은 스스로 학습하는 인공지능에 긴장하기 시작했지.

3차전
2016년 3월 12일 토요일

세 번째 경기는 중요했어. 알파고가 이기면 이세돌은 챔피언 결정전에서 이길 기회가 없었지.
이세돌은 새로운 전략을 시도해 알파고를 애매한 상황에 몰아넣었어.
하지만 176수 끝에 알파고가 이겼어.
경기가 끝난 후 기자회견에서 이세돌은 말했어.
"무력하게 져서 죄송합니다."
하지만 한 지지자가 말했어.
"이세돌은…… 내가 아는 누구보다도 강한 심장을 가진 사람입니다. 이세돌은 외로운 싸움을 하고 있습니다……. 만약 이세돌처럼 경기한다면 우리는 컴퓨터를 이길 수 있으리라 믿습니다."
이번 패배로 인공지능이 인간보다 똑똑해질 거라는 두려움이 커졌어.

이세돌은……
내가 아는 누구보다도
강한 심장을 가진
사람입니다.

점수	
이세돌	알파고
0	3

4차전

2016년 3월 13일 일요일

세 번의 경기에 졌지만 그래도 이세돌은 4차전을 치렀어. 이번 경기에서 이세돌은 알파고의 약점을 발견할 수 있을까?

알파고는 작은 차이지만 승기를 잡으며 경기를 진행했어. 하지만 이세돌이 과감하게 78번 수를 두었어.

나중에 이세돌은 말했어.

"그 순간에는 그 수밖에 없었습니다. 다른 수는 보이지 않았습니다."

어떤 전문가들은 그 수는 실수라고 생각했어. 하지만 78번 수는 경기의 흐름을 바꾸었지. 180수를 둔 후 이세돌이 이겼어!

"이번 승리는 인간의 뇌에 경외감을 느끼게 합니다."

4차전이 끝난 후 기자회견에서 이세돌은 흥분한 목소리로 말했어.
"우리 인간이 너무 나약하고 허약한 것 같았습니다. 이번 승리는 우리가 아직도 우리 자신의 승리를 지킬 수 있다는 것을 뜻합니다. 이번 한 번의 우승은 그것을 확인하기에 충분하다고 느꼈습니다. 한 번이면 충분했습니다."
딥마인드 소속인 한 사람이 말했어.
"이번 승리는 인간의 뇌에 경외감을 느끼게 합니다."
전 세계에서 축하가 쏟아졌어.

5차전

2016년 3월 15일 화요일

마지막 대결은 접전이었지만 알파고가 280수 만에 이겼어.

점수	
이세돌	알파고
1	4

이번 대회를 통해 인공지능이 주어진 과제를 스스로 학습할 수 있고 때로는 인간보다 낫다는 것이 증명됐어.
다섯 경기를 모두 본 바둑 전문가들은 두 가지 수에 대한 이야기를 하고 또 했어.

2차전의 37수 알파고 역시 예기치 않은 창의적인 수를 둘 수 있다는 것을 증명했어. 그것은 신의 한 수였을까?

4차전의 78수 이세돌은 예기치 않게도 단 한 번뿐인 신의 한 수로 알파고의 수에 응수했어. 전에는 아무도 한 적이 없는 자신만의 바둑을 둔 거야.

인공지능은 우리 일상생활의 일부가 되었어. 하지만 구글 딥마인드는 알파고가 한 모든 것은 인간이 알파고를 창조하고 프로그래밍했기 때문이라고 말했어. 알파고는 이세돌을 이겼지만, 이세돌이 새로운 방식으로 생각하고 세상을 다르게 보도록 도왔지.

인공지능 또는 인공지능 아님

고양이	아이스크림	핸드폰

인공지능 아님	인공지능 아님	인공지능

비디오게임	로봇	바둑
	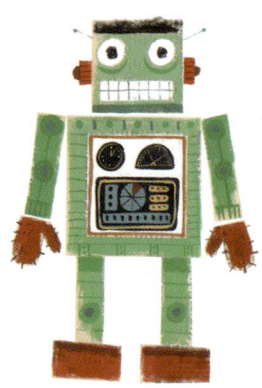	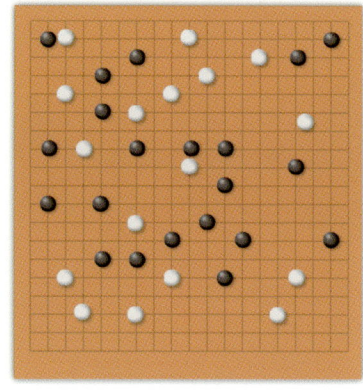
인공지능	인공지능	인공지능 아님

AI의 시간을 따라가 볼까요?

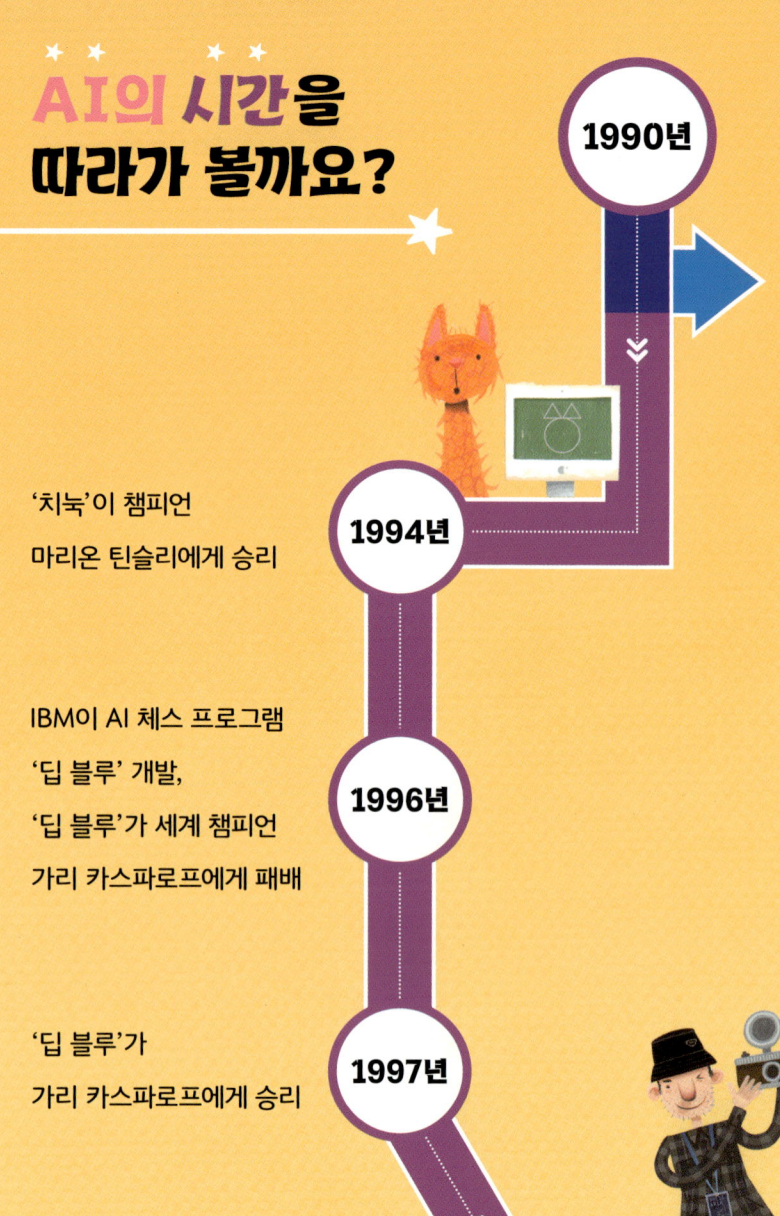

1990년 — 체커(체스판에 말을 놓고 움직여 상대방의 말을 모두 따면 이기는 서양 장기)로 인간 대 컴퓨터의 첫 경기 열림. AI 체커 프로그램 '치눅'이 챔피언 마리온 틴슬리에게 패배

AI (인공지능: Artificial Intelligence)

시각적 인식이라든가 언어 능력, 의사 결정, 언어 간 번역처럼 인간의 지능을 요구하는 임무를 수행할 수 있는 컴퓨터 프로그램을 말한다.

초기 인공지능 연구는 많은 데이터를 입력하고 복잡한 알고리즘을 구축해 결과를 도출하는 방식이었다. 하지만 21세기에 들어 컴퓨터 기술이 발전하면서 컴퓨터가 인간과 같이 학습할 수 있는 방식이 도입된다. 이러한 개념을 '머신러닝'이라고 하는데 수많은 데이터를 바탕으로 인간의 사고 방식과 비슷한 형태로 결론을 도출해 내는 방식이다. 여러 머신러닝의 기법 가운데 '딥 러닝'은 인간의 뇌 신경을 인공적으로 구현해 적용한 기법이다.

1994년 — '치눅'이 챔피언 마리온 틴슬리에게 승리

1996년 — IBM이 AI 체스 프로그램 '딥 블루' 개발, '딥 블루'가 세계 챔피언 가리 카스파로프에게 패배

1997년 — '딥 블루'가 가리 카스파로프에게 승리

2007년 — IBM이 AI '왓슨' 개발

2011년 — '왓슨'이 미국 퀴즈쇼 '제퍼디!'에 참가해 브래드 러터와 가장 긴 챔피언십 기록(74번 연속 승리) 보유자 켄 제닝스와 대결해 100만 달러 획득하면서 최종 우승

구글 **딥마인드**가 개발한
AI '**알파고**'와 **이세돌** 대결

2016년

딥마인드

딥마인드는 2010년, 영국에서 인공지능의 연구 속도를 높이기 위해 데미스 허사비스, 셰인 레그, 무스타파 술레이만이 공동 창업한 회사다. 허사비스는 네 살 때 체스를 두기 시작했으며, 한때 영국에서 2위를 차지했다. 딥마인드는 2014년, 구글과 손을 잡았다. 이후 수석 연구원 데이빗 실버와 대만 컴퓨터 과학자 아자 황이 합류했다. 아자 황은 2016년 '구글 딥마인드 챌린지 매치'에서 알파고 대신 바둑판에 돌을 놓았다.

알파고

알파고는 구글의 인공지능 개발 자회사 구글 딥마인드가 개발한 인공지능 프로그램이다. '알파고(Alpago)'라는 이름은 구글의 지주회사 이름 알파벳과 그리스 문자의 첫 글자이자 최고를 뜻하는 '알파(α)'의 의미를 따서 지었다. 'GO'는 바둑을 뜻하는 영어로, 바둑의 일본어 발음에서 나왔다.

이세돌

이세돌은 1983년 3월 2일 태어났고, 대한민국의 남서쪽 해안에서 떨어진 섬 비금도에서 자랐다. 아홉 살에 바둑을 시작해 열두 살 때 프로 선수로 입문했으며 열아홉 살에 처음으로 국제 선수권 대회에서 우승했다. 2016년까지 열여덟 개의 세계 바둑 대회 챔피언을 거머쥔 세계 최고의 바둑 기사였기 때문에 알파고와의 경기에 선발되었다. 당시 이세돌은 바둑에서 가장 높은 등급인 9단 기사였다. 2019년 12월 한국판 알파고 '한돌'과의 고별전을 치르고 은퇴했다. '쎈돌'은 강한 돌이라는 뜻으로 이세돌의 별명이다.

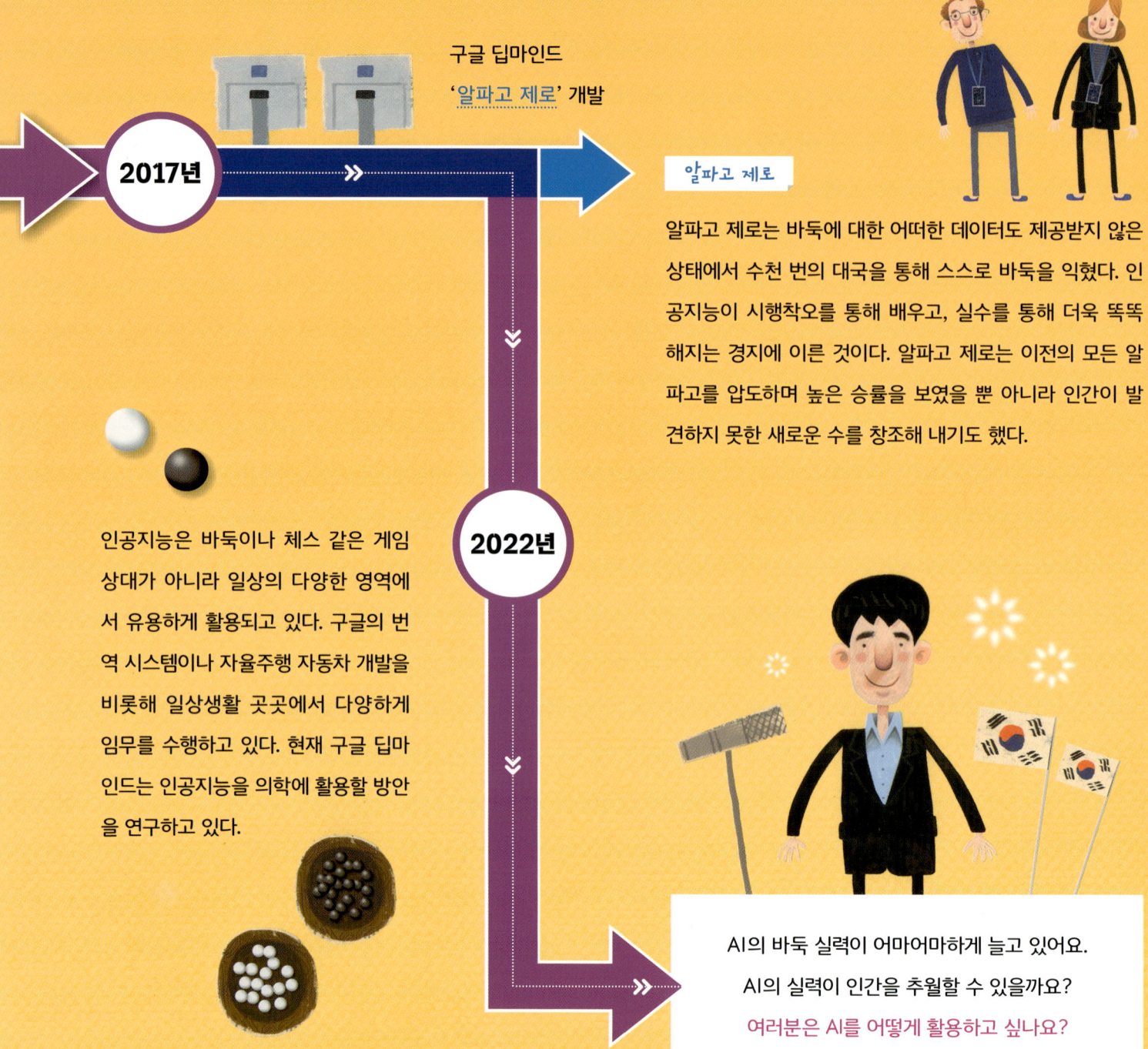

과학자처럼 시리즈로 과학 공부, 준비~ 시~작!

🔍 초등학교 3학년부터 '과학'을 본격적으로 배우기 시작해요. 호기심이 한창 왕성할 시기라 '과학'을 좋아하는 친구가 많은 반면에 어렵지 않을까 겁부터 먹는 친구들도 있다고 하죠? 하지만 무엇을 배우든지 의미와 목표, 방향을 알고 시작하면 재미는 커지고, 힘든 고비를 넘어설 때는 자신감이 생기기 마련이죠! **과학자처럼** 시리즈는 과학 공부를 준비하거나 시작하는 친구들과 과학 공부를 조금 힘들어하고 어려워하는 친구 모두를 위한 책이랍니다. 초등 과학 교과 과정의 목표와 방향, 그리고 과학 학습을 통해 얻는 다섯 가지 핵심역량을 과학적 사건과 인물을 통해 자연스럽게 알려 주거든요.

아하! 과학을 공부하면 이런 힘을 기를 수 있구나!

과학자처럼 시리즈는 과학의 역사를 바꾼 사건과 주인공 이야기입니다. 과학자는 놀랍도록 신비한 우주와 자연의 원리를 탐구해서 밝혀냅니다. 과학이 역사를 바꿨다는 건 세상을 바꿨을 뿐만 아니라, 우리가 세상을 바라보는 방향과 생각하는 방식이 바뀌게 되었다는 것도 뜻한답니다. 그렇다면 이렇게 엄청난 힘이 있는 과학을 연구하는 과학자는 어떤 사람일까요? 혹시 머리가 엄청 좋은 사람만 과학자가 될 수 있을 거라고, 그래서 나와 상관없다고 생각하는 친구가 있나요? **과학자처럼** 시리즈를 읽으면, 꼭 그렇지만은 않다는 걸 발견할 거예요.

그뿐만 아니라 아래와 같은 질문에도 답할 수 있게 될 거예요. 무엇보다 '과학'을 공부하는 이유와 목적, 그리고 과학을 공부하면서 얻어지는 학습 능력은 다른 교과를 공부할 때도, 일상생활을 할 때도 큰 힘이 된다는 걸 꼭 기억하세요.

- 과학자는 어떻게 세상을 바라볼까?
- 과학자는 무엇을 궁금해할까?
- 과학자는 궁금한 것을 어떻게 해결할까?
- 과학자는 어떻게 탐구할까?
- 과학을 공부하려면, 또 과학자가 되려면 무엇이 필요할까?

과학자처럼 AI와 인간이 함께 사는 미래를 상상해 보세요.

과학자처럼

과학자는 놀랍도록 신비한 우주와 자연의 원리를 탐구하고 밝혀냅니다. '과학자처럼' 시리즈는 과학사에 한 획을 그은 과학자와 업적을 통해 '과학을 공부하는 힘'을 발견하도록 돕습니다.

달시 패티슨 글 | 피터 윌리스 그림
김경연 옮김 | 44~48쪽 | 각 권 13,000원

과학자처럼 ① 다윈의 난초 130년 만에 증명된 예측

과학은 질문하고 답을 찾아가면서 발전합니다. 때로는 시간이 오래 걸리기도 합니다. 다윈은 꿀샘이 긴 난초가 어떻게 꽃가루받이를 할지 궁금하게 여기다가 긴 주둥이를 가진 나방이 존재할 것을 예측합니다. 이 예측은 무려 130년이 걸려 증명되었습니다.

과학자처럼 ② 패러데이의 촛불 양초 한 자루가 던진 질문

과학자들에게는 '당연한 것'이 없어 보입니다. 주변의 모든 현상에 물음표를 달고, 기어이 답을 찾아 느낌표로 바꾸려 합니다. 마이클 패러데이 또한 촛불 하나를 놓고 '왜 이런 일이 일어날까? 원인이 뭘까?' 질문하며 즐거운 크리스마스 강연을 펼칩니다.

과학자처럼 ③ AI와 인간 알파고는 어떻게 이세돌을 이겼을까

2016년, AI 알파고와 이세돌의 바둑 대결이 있었습니다. 결과는 알파고의 승리! 과연 AI는 인간보다 더 똑똑해질까요? AI를 두려워하거나 경쟁 상대로 여기기보다는 어떻게 함께 살아갈지 상상해 보면 어떨까요? 과학자처럼!

과학자처럼 ④ 클라드니의 소리 소리가 보이는 모래 실험

과학자는 좋아하는 것에 푹 빠져서 연구하고 또 연구합니다. 물리학자 클라드니는 '소리'에 관해 궁금해하며 악기도 발명하고 《음향학》 책도 씁니다. 게다가 황동판과 모래를 이용한 실험으로 보이지 않는 소리의 모양을 보여 주는 데 성공합니다.

과학자처럼 ⑤ 에딩턴의 일식 아인슈타인의 일반상대성이론을 증명하다

과학은 이론을 검증하는 과정이기도 합니다. 천문학자 에딩턴은 당시 과학계를 뒤흔든 아인슈타인의 일반상대성이론을 꼭 검증하고 싶었습니다. 그 결과 1919년 5월 29일, 태양이 달에 완전히 가려지는 개기일식을 최고의 기회로 삼아 성공합니다.

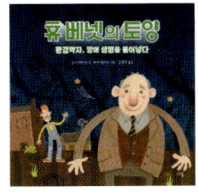

과학자처럼 ⑥ 휴 베넷의 토양 환경학자, 땅에 생명을 불어넣다

거대한 흙먼지 폭풍 더스트 볼이 여러 도시를 집어삼켰습니다. 이 엄청난 재난은 토양을 잘못 사용했기 때문에 벌어진 일이었습니다. 생명을 잃어버린 토양을 살릴 방법이 있을까요? '토양 보존의 아버지'로 불리는 휴 베넷에게 답을 구해 보세요.

과학자처럼
독후활동지